El Sandwich Más Grande, Jamás

Cuento de Rita Golden Gelman

Ilustraciones de Mort Gerberg

Traducido por Otto René Vásquez

SCHOLASTIC INC.

New York   Toronto   London   Auckland   Sydney

ISBN 0-590-40884-4

12 11 10 9 8 7 6 5 4   1 / 9

Printed in the U.S.A.   0 8
First Scholastic printing, September 1987

Estábamos de día de campo.
Sólo Tammy y yo.

Cuando un hombre
con una olla
se acercó.

Dijo, "¡Hola!"

"¡Qué bello día!
¡Qué maravilloso lugar!

¿Puedo almorzar
con ustedes?''
nos dijo
el hombre
de la olla.

"Claro.
Da una mordida.
Ten una zanahoria,"
dijimos.

"No gracias,"
nos dijo el hombre
con la olla
en la cabeza.

"Yo mismo me haré el almuerzo.
Estoy listo para empezar."

Entonces gritó:
"¡Venga el carretón!"

"Déjenmelo aquí,"
dijo el hombre
sonriendo.

"Bien.
  Así está bien.
  Ahora la comida
  ya se puede preparar."

Entonces el hombrecito
brincó.
Y en la olla golpeó.

Y veintidos panaderos
con el pan aparecieron.

Luego trajieron mantequilla.

Y el hombrecito decía,
"Echenla, toda ella, encima.
Encima del pan."

Y un equipo de beisbol
le tiró tomates encima.

Y nosotros los tiramos también.
Hasta que el hombre gritó: "¡Detén!"

"Es la hora de poner pescado.
Con cuidado.
No vayan a chocar.

Retrocedan un poquito.
Bien.
Ya lo pueden descargar."

"Pero esto
no es nada," dijo.
"Esperen y verán."

"Tengo frijolitos
y taquitos,
pollo frito
y chilitos.

Enchiladas,
empanadas,
papas fritas
también.

Y, ¡miren cuántos pepinos!
Basta mirar los aviones."

Entonces, el hombrecito golpeó de nuevo en la olla mientras gritaba:

"Vengan con la salsa de tomate, bomberos."

"Y ahora," dijo el hombre,
por favor, bajen el pan."

Luego
golpeó en su olla
y gritó,
"¡Ya está terminado!
El sandwich
ya está listo.
Y yo, ¡claro que lo adoro!"

Y nosotros gritamos,
"Lo adoramos también."

"Entonces vamos.
Vámonos a comer,"
dijo el hombre
de la olla.

Y nosotros dijimos,
"Vámonos pues."

Y comimos todo el día.

Y toda la noche también.

Y, al mediodía del día siguiente,
acabamos con todo por fín.

"Gracias,"
dijimos.
"Todo nos encantó.

Adios y que le vaya bien.''

Pero el hombre de la olla
tenía un brillo muy raro
en los ojos.

Saltó de arriba abajo
sin dejar de mirar al cielo.
Y dijo, "pero no se pueden
marchar."

"¡El postre!
está por llegar."